VÉRONIQUE BABIN

Enciclopedia mega Chiquitín

LAROUSSE

Av. Diagonal 407 Bis-10   Dinamarca 81   21 Rue du Montparnasse   Valentín Gómez 3530
08008 Barcelona   México 06600, D. F.   75298 París Cedex 06   1191 Buenos Aires

Sumario

CERCA DE MÍ

 A MI ALREDEDOR:
LA NATURALEZA

A MI ALREDEDOR:
EL MUNDO

Mi día

Son las siete y cuarto.
Pablo, Marta y sus padres desayunan
en la cocina.
¡Ay, cuanto cuesta madrugar!

Son las ocho.
Pablo y Marta llegan
a la escuela.

Son las tres de la tarde.
Pablo tiene clase de pintura.
Marta juega con los bloques.

Son las siete y diez.

Pablo saluda a sus amigos, y Marta le da un beso a su mamá.

Es la una de la tarde. Algunos niños comen en la escuela.

Todos en casa se disponen a cenar.

Son las ocho y media. Se terminó el día. Pablo y Marta duermen en sus literas.

El ciclo de las cuatro estaciones

El año tiene cuatro estaciones:

la primavera, el verano, el otoño

En primavera hace buen tiempo. Las flores brotan en los jardines y sobre las ramas de los árboles.

En verano hace mucho calor. Los frutos están maduros y los recogemos para comerlos.

primavera — verano

marzo · abril · mayo · junio · julio · agosto · septiembre

y el invierno.

En otoño hace fresco.
Las hojas de los árboles se
vuelven amarillas y
el viento las arrastra.

En invierno hace frío.
Los árboles no tienen hojas
y, en muchos países, nieva.

otoño

invierno

octubre · noviembre · diciembre · enero · febrero · marzo

13

El álbum de fotos de mi familia

¡Hola! Me llamo Elena y te voy a presentar a mi familia:

Estos son el abuelo Pablo y la abuela Julia, los padres de papá; están jubilados y tienen tiempo para ocuparse de su jardín

El abuelo Ramón y la abuela Carmen son los padres de mamá. Todavía trabajan y les gusta viajar durante sus vacaciones.

¡Aquí están papá y mamá!
Yo me baño con un salvavidas y mi
hermano saluda con su gorro.

El día de mi cumpleaños tomamos
muchas fotos. Acabo de cumplir seis años.
¿Sabes quiénes somos?

Mi nacimiento

Jorge y Ana son muy felices. Pronto tendrán a su segundo hijo.

El bebé crece en el vientre de Ana durante nueve meses. Al principio es muy pequeño.

A los seis meses ya es bastante grande y el vientre de Ana se vuelve redondo.

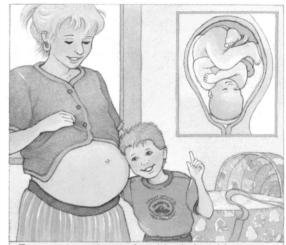

Tres meses después el bebé está preparado para nacer.
¡Se sienten sus movimientos!

la doctora

Por fin, llega el momento de nacer, que se llama parto.
Ana puja muy fuerte para ayudar al bebé a salir.

El bebé tiene una recámara muy bonita. Hoy es Jorge quien cambia sus pañales. Un bebé necesita muchos cuidados.

los gemelos

A veces hay dos bebés en el vientre de mamá. Se les llama gemelos y suelen parecerse mucho.

Mi cuerpo

EL CUERPO
Cada parte de tu cuerpo tiene su nombre

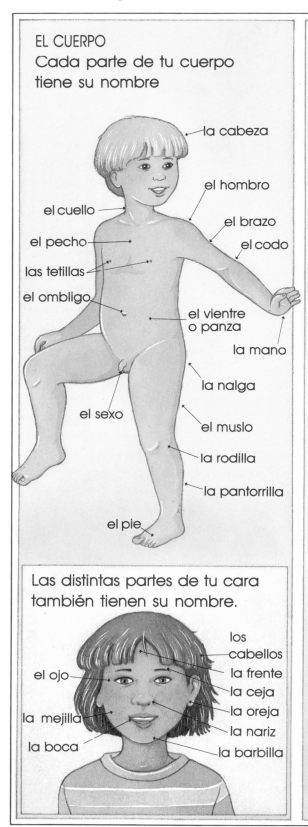

la cabeza

el hombro

el cuello

el brazo

el pecho

el codo

las tetillas

el ombligo

el vientre o panza

la mano

la nalga

el sexo

el muslo

la rodilla

la pantorrilla

el pie

LOS ÓRGANOS
Debajo de la piel, dentro de tu cuerpo, están los órganos.

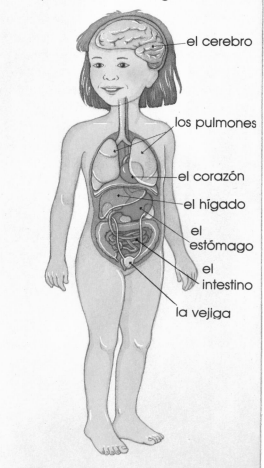

el cerebro

los pulmones

el corazón

el hígado

el estómago

el intestino

la vejiga

Cada órgano hace un trabajo: tu cerebro te permite pensar, tus pulmones respirar, tu corazón bombea la sangre a todo tu cuerpo. Tu estómago y tus intestinos digieren lo que comes. Tu hígado te ayuda a digerir y tus riñones fabrican la orina que se almacena en la vejiga, hasta que la expulsas.

Las distintas partes de tu cara también tienen su nombre.

los cabellos

la frente

el ojo

la ceja

la oreja

la mejilla

la nariz

la boca

la barbilla

Los huesos son muy importantes. Sostienen tu cuerpo y algunos protegen tus órganos. Sin ellos no podrías estar de pie. El conjunto de tus huesos se llama esqueleto. Todos, sean grandes o pequeños, tienen su nombre.

EL ESQUELETO

Muchos animales, el perro por ejemplo, también tienen un esqueleto. Pero otros, como los gusanos, no lo tienen.

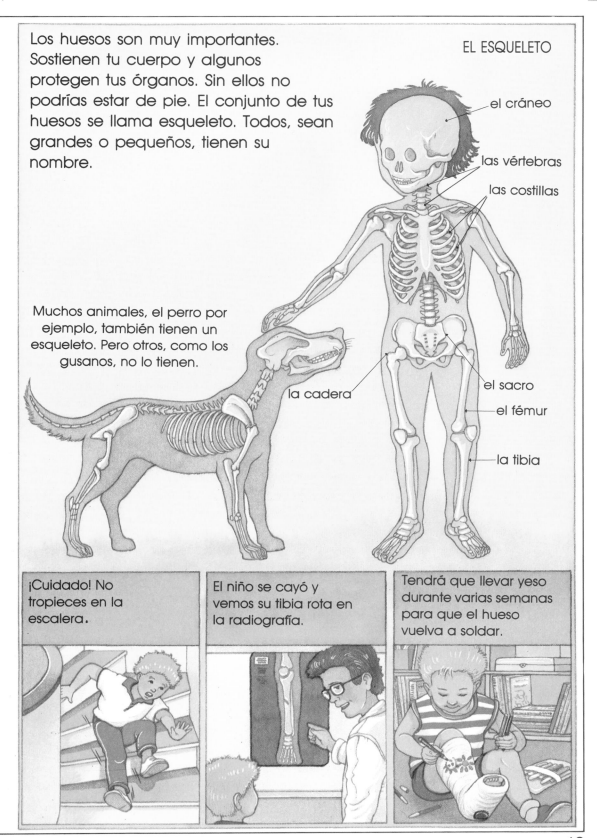

el cráneo

las vértebras

las costillas

la cadera

el sacro

el fémur

la tibia

¡Cuidado! No tropieces en la escalera.

El niño se cayó y vemos su tibia rota en la radiografía.

Tendrá que llevar yeso durante varias semanas para que el hueso vuelva a soldar.

Huelo, saboreo, toco

Observa bien a estos niños: todos huelen, saborean o tocan alguna cosa.

Yo huelo

Con el olfato descubro el olor de las cosas.
¡Hum, el ramo de flores, el pollo asado, el chocolate caliente!
También puedo reconocer a mi mamá por el aroma de su perfume.

Yo saboreo

Con mi lengua conozco el sabor de los alimentos. Las fresas son dulces, la sal es salada, la pimienta es picante, el limón es ácido.

Yo toco

Cuando toco el hielo, siento frío en mis dedos. Si acaricio un gato, noto su pelo suave. Al tocar la punta de una aguja o las púas de un cáctus, ¡me pincho!

El perro y el gato tienen un olfato mejor que el mío.

Veo y oigo

Yo veo

Veo a Sofía que hace gestos para hacerme reír.

Papá proyecta unas fotos, en las que estoy disfrazado de payaso y maquillado. ¡Qué bonitos colores!

Yo oigo

Oigo a mi hermano que grita detrás de mí para asustarme.
¡Lo logró!

Cuando escucho el ritmo de la música me dan ganas de bailar.

¡Ya crecí!

¡Qué bien, ya he crecido!

Mi pantalón y mi camisa
ya me quedan cortos.

Mi hermana
mide y anota
mi estatura.

Los niños crecen continuamente.
Crecen desde que están en el vientre
de su mamá hasta los 18 ó 20 años.

El bebé crece y se
convierte en una niña. Más
adelante será una
muchacha.

¡Mis pies también han crecido! Los zapatos me quedan pequeños.

Mi cama no es bastante grande y mis pies sobresalen. ¡Vaya! Tendré que cambiarla.

Conforme pasa el tiempo, los huesos se alargan y el cuerpo se desarrolla.

La niña ha crecido y ya es más fuerte.

Esta muchacha se parece mucho a su mamá.

Yo como

Para estar en forma, es necesario comer un poco de todo.

la lechuga

la papa

las hortalizas

la coliflor

el tomate

la zanahoria

los chícharos

los rábanos

el maíz

la alcachofa

la calabacita

los ejotes

los lácteos

el yogurt

los quesos

el atole

la leche

el helado

los huevos

los pescados

los mariscos

el cangrejo

el camarón

el langostino

También necesitamos beber: agua, leche y jugos de frutas.

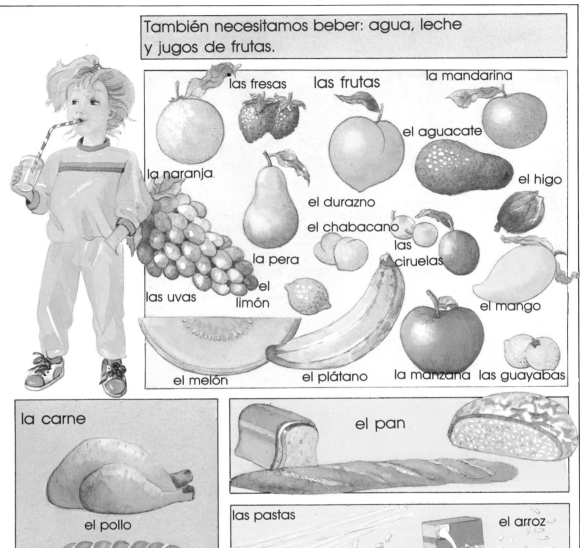

las frutas

las fresas
la mandarina
la naranja
el aguacate
el higo
el durazno
el chabacano
las ciruelas
la pera
el
limón
las uvas
el mango
el melón
el plátano
la manzana las guayabas

la carne

el pollo

el lomo

la chuleta   el bistec

la salchicha   el jamón

el pan

las pastas
el arroz

los cereales

los dulces

En algunos países muy pobres los niños enferman porque no se alimentan lo suficiente.

Mi salud

Es muy importante tener una buena salud: si estoy sano puedo moverme, correr, jugar, estudiar. . . y soy feliz.

Hay que ser prudente y abrigarse bien cuando hace frío o cuando llueve.

No hay que olvidarse de la higiene diaria: estar sucio es desagradable y puede dañar nuestra salud.

Me cepillo los dientes después de cada comida.

el lavabo

la pasta de dientes

En la bañera, me enjabono todo el cuerpo y me lavo el pelo para que esté suave y brillante.

los azulejos del cuarto de baño

el guante de baño

la espuma

la tina

las toallas

¡Estoy resfriado!

A veces te enfermas. Un catarro no es grave: basta con sonarse la nariz y quedarse abrigado en casa.

Pero puedes tener otras enfermedades más graves. Entonces, tu mamá te lleva al pediatra, que es un médico de niños. Él te receta las medicinas que ayudarán a curarte.

Este niño está lleno de pequeñas manchas rojas: ¡tiene rubéola!

La pediatra ausculta su pecho: comprueba si respira normalmente

¡Viva el deporte!

Yo hago gimnasia

la colchoneta

¡Las maromas son divertidas!

las flexiones

salto de longitud

Para saltar en la arena lo más lejos posible, hay que tomar impulso corriendo por la pista.

la pista

el foso de arena

Mantener el equilibrio sobre el banco ¡no es nada fácil!

los aros

salto de altura

Para pasar por encima del hilo hay que tomar impulso y elevar las dos piernas.

31

El deporte con los amigos

El deporte se practica solo o acompañado

juegos con balón

Salida

carrera a campo traviesa

En bicicleta se va más
rápido que a pie.
¡Ánimo y adelante!

En la alberca se aprende a nadar y a bucear.

los salvavidas

los cinturones de natación

El deporte con amigos ¡es más divertido!

paseo a caballo

¡El primero que llega, gana!

Llegada

la bicicleta de dos asientos

los lentes y el gorro

la alberca

el chapoteadero

la toalla

los flotadores

Mi casa

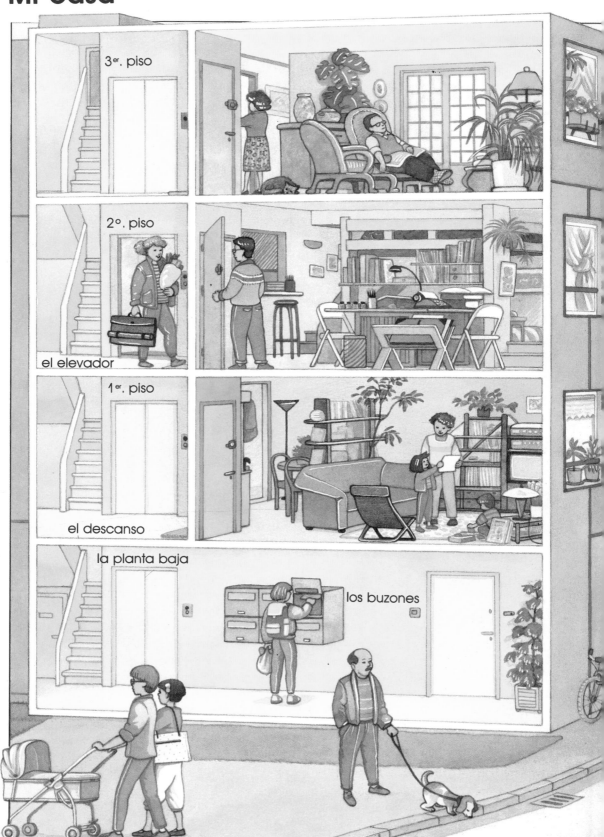

3er. piso

2º. piso

el elevador

1er. piso

el descanso

la planta baja

los buzones

Yo vivo en un edificio.
Tiene varios departamentos en cada piso.
Un departamento se compone de cocina,
una o varias recámaras, sala, comedor,
cuarto de baño. . .

Yo vivo en una casa de dos pisos.

la antena
de televisión

La calle

En la calle, las casas y las tiendas están una junto a otra.
En la calle puedes encontrar una farmacia, un restaurante, una carnicería. . .

una construcción

FARMACIA

CAFÉ-RESTAURANTE

la acera

la camioneta

la moto

En la florería compramos flores y plantas.

Flores

El peluquero lava, peina, corta, riza o tiñe el cabello.

PELUQUERÍA

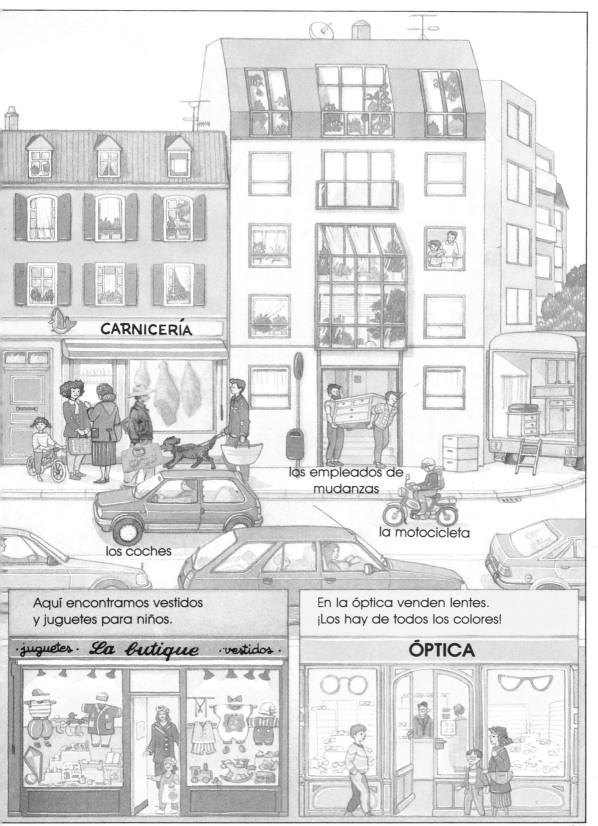

CARNICERÍA

los empleados de mudanzas

la motocicleta

los coches

Aquí encontramos vestidos y juguetes para niños.

En la óptica venden lentes. ¡Los hay de todos los colores!

juguetes · La butique · vestidos

ÓPTICA

La circulación

En la ciudad hay mucha circulación.
Para atravesar la calle debemos esperar
a que paren los coches y cruzar por los
pasos de peatones.

ESCUELA

Puedo cruzar cuando la
luz está roja y los coches
parados.

luz roja

el paso
de
peatones

la estación
del metro

Bellas Artes

el plano

Para viajar, también
se puede utilizar el
metro, que es un tren
subterráneo.

el andén

los rieles

Los agentes de tránsito nos ayudan a cruzar.

el autobús

el metro

¡Fuego! Los bomberos

Hay fuego en el tercer piso de este edificio. El humo sale por la ventana de la terraza.

el helicóptero

La manguera lanza un gran chorro de agua.

la escalera de bomberos

la ambulancia

Cuando hay un incendio en el bosque, pequeños aviones especiales arrojan el agua almacenada en sus depósitos para apagarlo.

Un hidroavión se desliza sobre el mar para llenar de agua sus depósitos.

¡Cuidado!
No toques estos objetos:
pueden provocar incendios.

La panadería-pastelería

Gran variedad de panes

Para fabricar pan se necesita harina, agua, levadura y sal.
Se amasan todos los ingredientes bien y después se meten al horno.

Es de noche.
El panadero-pastelero fabrica panes y pasteles.
El lugar donde trabaja, se llama horno.

Se necesitan muchos ingredientes para hacer un pastel: azúcar, huevos, harina, leche, mantequilla, levadura para que aumente de tamaño y un poquito de sal.

los costales de harina

11.05

¡Cuántas cosas buenas se pueden comprar en la panadería-pastelería!

Las barras se cuecen en el horno.

El panadero hace unos pequeños cortes sobre las barras de pan para que se cuezan mejor.

el respiradero

2.10

La amasadera mezcla todos los ingredientes para hacer la masa del pan.

43

La papelería-librería

En la papelería-librería se pueden comprar libros y todo lo necesario para escribir o dibujar.

las carpetas

los lapiceros

la caja

las postales

ASÍ HEMOS HECHO TU LIBRO

Primero, el autor habló con el editor que decidió publicar MEGA.

Después, el autor escribió el texto del libro en su casa y señaló los dibujos que van en cada página.

Los libros están colocados en las mesas u ordenados en las estanterías.

Luego, con esas indicaciones, un dibujante realizó magníficas ilustraciones.

Por fin, unas máquinas imprimieron el libro que tus papás compraron en la librería.

MEGA

El supermercado

El supermercado es un establecimiento donde se puede comprar de todo.

la carnicería

las frutas y verduras

las conservas

los productos lácteos y los huevos

En la caja se pone todo lo que hemos escogido sobre una banda transportadora. La cajera anota los precios y nos da un ticket con el total que debemos pagar.

la cajera

la pescadería

los alimentos congelados

los productos de limpieza

los dulces
y pasteles

2

los
carritos

En los carritos hay un
asiento para llevar
niños pequeños.

La escuela

el teatro
de marionetas

la biblioteca

la maestra

Es la hora de la siesta.
Los niños duermen en sus
colchonetas.

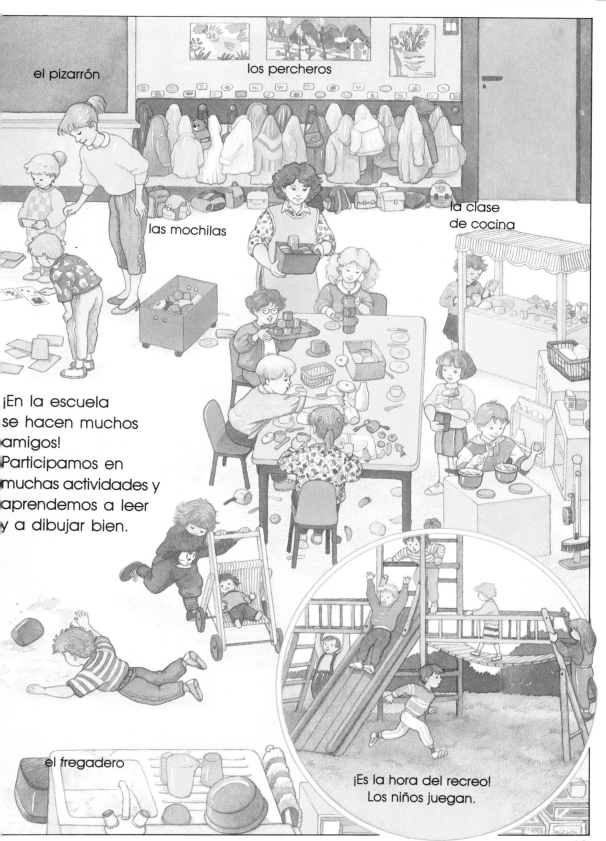

el pizarrón

los percheros

las mochilas

la clase
de cocina

¡En la escuela
se hacen muchos
amigos!
Participamos en
muchas actividades y
aprendemos a leer
y a dibujar bien.

el fregadero

¡Es la hora del recreo!
Los niños juegan.

49

La feria

La feria es un lugar de diversión.
¡Máquinas de colores suben, bajan y giran como locas!
En los puestos puedes ganar un muñeco de peluche o comprar algodón de azúcar y manzanas recubiertas de caramelo.

Los pequeños asientos de la gran rueda de la fortuna suben muy alto hacia el cielo.

PALACIO DE CRISTAL

EL TREN FANTASMA

TÓMBOLA

Sentado en el tren fantasma, entras al castillo encantado.
Brrr. . .
En el palacio de cristal te pierdes dentro de un laberinto.
En la tómbola, si tienes suerte, puedes ganar un bonito muñeco.

¡Aaaaah, la montaña rusa es terrorífica!
Las vagonetas van a toda velocidad.
En las subidas ¡quedas con la cabeza
hacia abajo!

MONTAÑA RUSA

el barco pirata
se balancea

la pesca del pato

el carrusel

el puesto
de las golosinas

Una flor, las flores, los colores

Existen muchas flores diferentes.

El abrojo, el crisantemo y el girasol
son de color amarillo

La bugambilia
es de color rosa encendido

El clavel del monte y el árnica
son anaranjados

La margarita,
el nardo
y la manzanilla
son de
color
blanco

El nenúfar es una
bella flor
que sólo vive
en el agua

¡Vamos a descubrir los colores con ellas!

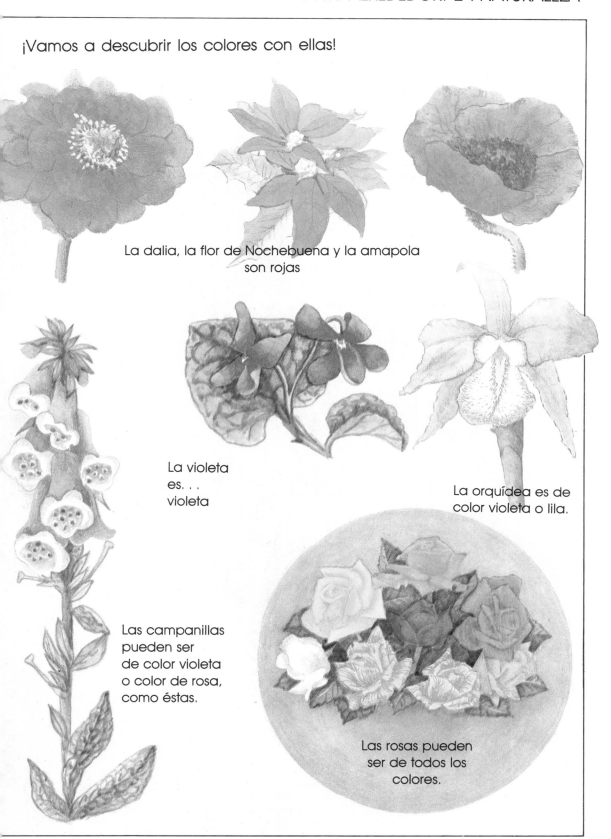

La dalia, la flor de Nochebuena y la amapola
son rojas

La violeta
es. . .
violeta

La orquídea es de
color violeta o lila.

Las campanillas
pueden ser
de color violeta
o color de rosa,
como éstas.

Las rosas pueden
ser de todos los
colores.

Un árbol, los árboles, el bosque

Muchos árboles juntos forman
un bosque.
En un bosque hay
diferentes clases de árboles.
¿Sabrías reconocerlos?

el abedul

los
chopos

el sauce llorón

la
secoya

La secoya
es el árbol más grande del mundo.

En las montañas
se encuentran bosques de abetos.

el roble

los abetos

los pinos

los álamos

el mango

Algunos jardineros
logran cultivar
árboles muy pequeños:
los bonsais.

La mariposa

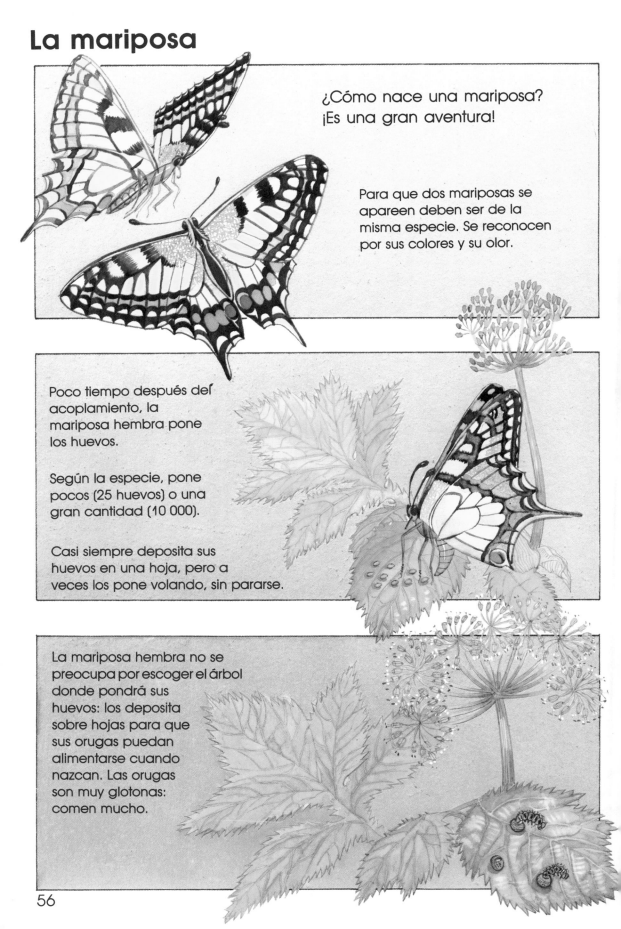

¿Cómo nace una mariposa?
¡Es una gran aventura!

Para que dos mariposas se
apareen deben ser de la
misma especie. Se reconocen
por sus colores y su olor.

Poco tiempo después del
acoplamiento, la
mariposa hembra pone
los huevos.

Según la especie, pone
pocos (25 huevos) o una
gran cantidad (10 000).

Casi siempre deposita sus
huevos en una hoja, pero a
veces los pone volando, sin pararse.

La mariposa hembra no se
preocupa por escoger el árbol
donde pondrá sus
huevos: los deposita
sobre hojas para que
sus orugas puedan
alimentarse cuando
nazcan. Las orugas
son muy glotonas:
comen mucho.

Cuando la oruga alcanza su tamaño
adulto teje una envoltura, el capullo (que
se llama también crisálida).

Después de algunos días, meses o
varios años más tarde,
según las especies, saldrá
del capullo una mariposa.

La mariposa sale
del capullo.
En seguida desplegará
sus alas.

¡Aquí, se
termina la
aventura!

Ahora,
puede
empezar de
nuevo. . .

Los animales del campo

los cuervos

el cardenal

las colmenas

el puerco espín

las raíces
de las plantas

la madriguera

La coneja hace una
alfombra con su pelo, para que
sus conejitos, que también se llaman
gazapos, estén calentitos en su
madriguera.

En el campo viven muchos animales: los pájaros
en el cielo, el puerco espín en el matorral,
los conejos en sus madrigueras. . .

las golondrinas

El apicultor recolecta la miel
almacenada por las abejas en la
colmena.

las abejas

Para fabricar miel la
abeja liba las flores.

Los topos
prefieren
salir de
noche.

El topo excava una madriguera

59

Los animales del bosque

La ardilla tiene una cola muy vistosa

El pájaro carpintero construye su nido en los troncos de los árboles

el zorro

Los cachorros del jabalí tienen el cuerpo rayado. Son los jabatos.

Si vas al bosque podrás
encontrar toda clase de animales

El búho duerme durante
el día

el mirlo

El ciervo tiene grandes astas
adornando su cabeza.
Vive con varias ciervas.
Los pequeños se llaman cervatos.

los tejones

A la orilla del río

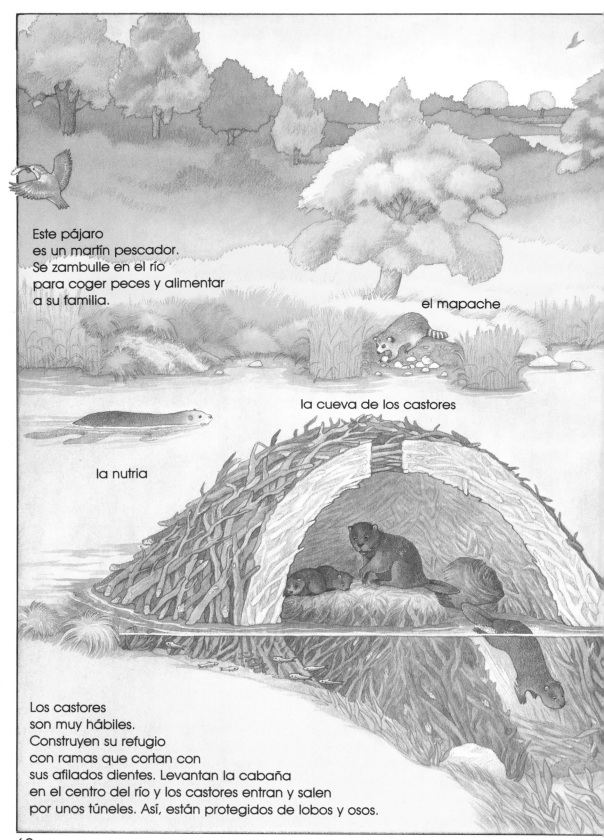

Este pájaro
es un martín pescador.
Se zambulle en el río
para coger peces y alimentar
a su familia.

el mapache

la cueva de los castores

la nutria

Los castores
son muy hábiles.
Construyen su refugio
con ramas que cortan con
sus afilados dientes. Levantan la cabaña
en el centro del río y los castores entran y salen
por unos túneles. Así, están protegidos de lobos y osos.

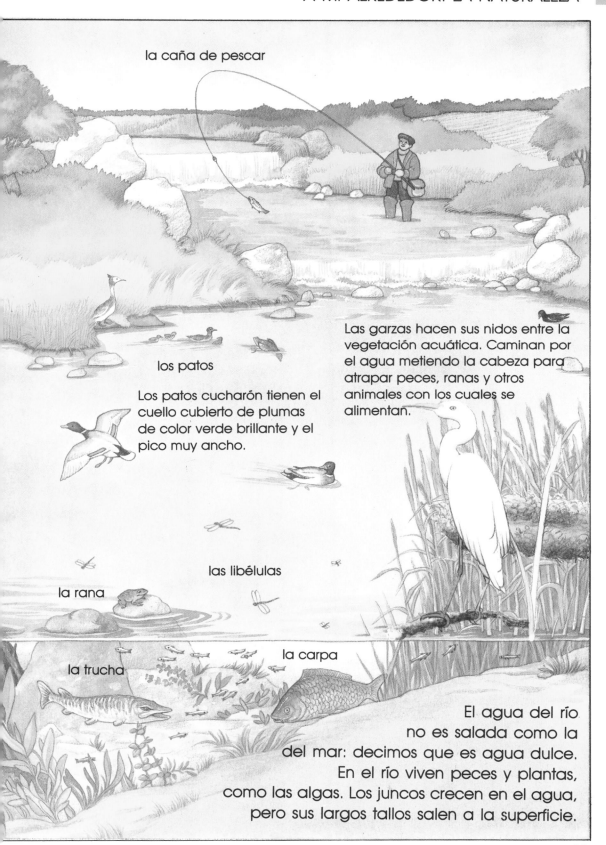

la caña de pescar

los patos

Los patos cucharón tienen el cuello cubierto de plumas de color verde brillante y el pico muy ancho.

Las garzas hacen sus nidos entre la vegetación acuática. Caminan por el agua metiendo la cabeza para atrapar peces, ranas y otros animales con los cuales se alimentan.

las libélulas

la rana

la trucha

la carpa

El agua del río no es salada como la del mar: decimos que es agua dulce. En el río viven peces y plantas, como las algas. Los juncos crecen en el agua, pero sus largos tallos salen a la superficie.

En el campo

el cobertizo

El heno está enrollado en pacas.

el tractor

El ranchero guarda los bultos de paja. Servirán para alimentar al ganado durante el invierno.

los costale de grano

la camioneta

los productos de la huerta

el establo

En el garage se guarda el tractor o la cosechadora, esa enorme máquina que corta el trigo cuando está maduro, al final del verano.

Este niño lleva las vacas hasta el prado para que pasten.
El perro es muy útil: ayuda a conducir el rebaño.

Esta ñina echa granos de trigo a las gallinas y a los patos.

Los animales del rancho

La vaca vive en un establo durante el invierno
y en los prados en verano.

Se ordeña todos los días.
Con su leche se
fabrica mantequilla,
queso y yogurt.

la ordeñadora

Las ovejas nos dan lana. Cada verano,
cuando llega el calor, se
trasquilan. No se lastiman,
es igual que cuando te cortas
el pelo.
Con su lana se hacen
suéteres para el invierno.

La coneja tiene cuatro camadas
de gazapos al año.
Nacen en la
conejera, que está cubierta
de paja y pelos.

Antes, los caballos tiraban de los carros. Hoy, con los tractores, no trabajan tanto en el rancho. La cría del caballo y de la yegua se llama potro.

el lechón

La cerda puede tener varios lechones a un tiempo. Se echa de lado para amamantarlos. ¡Los más rápidos se sirven primero!

el gallinero

En el corral está el gallo, las gallinas, los pollitos, los patos y los guajolotes. Las gallinas ponen sus huevos en el gallinero.

los guajolotes

el gallo

el pollito

el pato

la gallina

Las cosechas

El duraznero es el árbol que da los duraznos.

El chabacano da chabacanos.

La cosechadora corta las espigas de trigo.

Los dorados granos de maíz crecen en las mazorcas, llamadas también elotes, a lo largo de la planta. Con el maíz se hacen las tortillas y también se saca aceite.

Con los granos de trigo se hace la harina, que servirá para fabricar el pan o ricos pasteles.

Las flores del girasol se orientan siempre hacia el sol. Con las semillas se fabrica aceite.

El manzano da las manzanas.

Y el peral nos da las peras.

las vides

La uva es el fruto de la vid. Se cultiva para comer y para elaborar deliciosos jugos.

La caña de azúcar se cultiva en América y de ella se extrae el azúcar.

La montaña en verano y en invierno

En verano, ¡vamos de excursión a la montaña!
Te llevas la comida en la mochila, te pones
unas buenas botas y,
¡adelante!

Estos hombres
están
escalando.

El teleférico permite llegar
hasta muy arriba de la montaña.

Con los prismáticos
se ve mejor
la lejanía.

el pueblo

En los países del norte, donde el clima es muy frío, las montañas están cubiertas de nieve durante el invierno. Allí se practica mucho el esquí que es un deporte en el cual se patina sobre la nieve con unas tablas especiales llamadas esquís.

El trineo es un vehículo para deslizarse sobre la nieve.

Estas telecabinas remontan a los esquiadores al comienzo de las pistas.

Este deportista vuela con un paracaidas.

¡Ay!

los bastones

la máquina para quitar la nieve.

los esquís

el trineo

Los esquiadores llevan trajes especiales para no pasar frío y lentes para protegerse los ojos.

Pequeñas y grandes montañas

Hay montañas grandes y pequeñas.
Las montañas bajas son
las más viejas:
con el tiempo, se han desgastado
y su cima está redondeada.
Las montañas más jóvenes
tienen las cimas muy puntiagudas,
los picos. Éstos pueden
tener gran altura.

el cráter

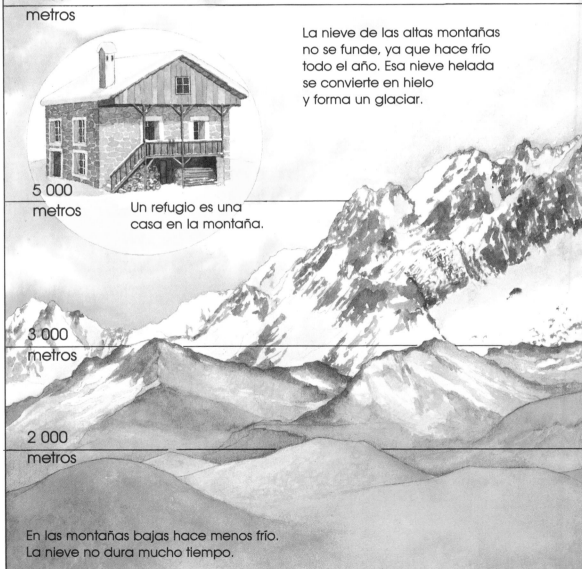

7 000
metros

La nieve de las altas montañas
no se funde, ya que hace frío
todo el año. Esa nieve helada
se convierte en hielo
y forma un glaciar.

5 000
metros

Un refugio es una
casa en la montaña.

3 000
metros

2 000
metros

En las montañas bajas hace menos frío.
La nieve no dura mucho tiempo.

El volcán es una montaña que puede estar en erupción.
La lava, formada por barro y rocas ardiendo, sale del cráter y destruye todo lo que encuentra a su paso.

La montaña más alta del mundo se llama Everest. Se encuentra en Asia, en la cordillera del Himalaya. Tiene cerca de 9 000 metros de altitud. ¡Casi el doble del Nevado de Toluca!, conocido también como Xinantécatl.

El alpinista escala la montaña

Los animales de la montaña

El águila es el ave de rapiña más grande de México. Sus alas abiertas miden más de 2 metros. ¡Casi tanto como una persona! Vive principalmente en las grandes alturas y hace sus nidos en los riscos.

Sus crías se llaman aguiluchos.

La perdiz y la liebre de las nieves viven también en las montañas altas. En verano son de color pardo.

En los países muy fríos, cuando llega el invierno, la piel de la liebre y las plumas de la perdiz se vuelven blancas como la nieve, ¡Así pueden esconderse fácilmente!

¡Sólo sigue siendo negra la punta de las orejas de la liebre!

El borrego cimarrón vive en
las montañas de nuestros desiertos
del norte. ¡Los cuernos de los machos
llegan a medir entre 90 y 120 centímetros!

En primavera y en verano la marmota vive en el
exterior. Se refugia en su madriguera cuando
aparece un águila. La víbora duerme sobre las
rocas o entre la maleza.

Durante el invierno la marmota y la víbora
hibernan: duermen durante varios meses hasta
que llega la primavera.

A la orilla del mar

En la playa hace calor y los niños se refrescan en el agua. Hay marea alta.

el velero

la sombrilla

la tabla de windsurf

la barca

el flotador

Debemos ponernos un gorro si jugamos a pleno sol.

La orilla del mar, llamada costa, es muy variada.

Algunas playas están cerradas por altos acantilados y cubiertas de piedras redondas, llamadas guijarros.

Las caletas son pequeñas playas entre rocas. La arena es gruesa y está sembrada de conchas.

76

Hay marea baja y el agua está lejos.
Los niños buscan conchas en la arena y
cangrejos entre los huecos de las rocas.

la red

El sol
broncea

los cocoteros

la tabla de surfing

En algunas playas, las olas pueden ser muy altas y fuertes. Su arena es fina y dorada.

La arena de las islas volcánicas suele ser oscura o negra, pero no está sucia: es su color natural.

En el fondo del mar

¿Quién vive bajo el mar? Muchos peces, moluscos, crustáceos, y también plantas. Los puedes ver al sumergirte con unos lentes de buceo.

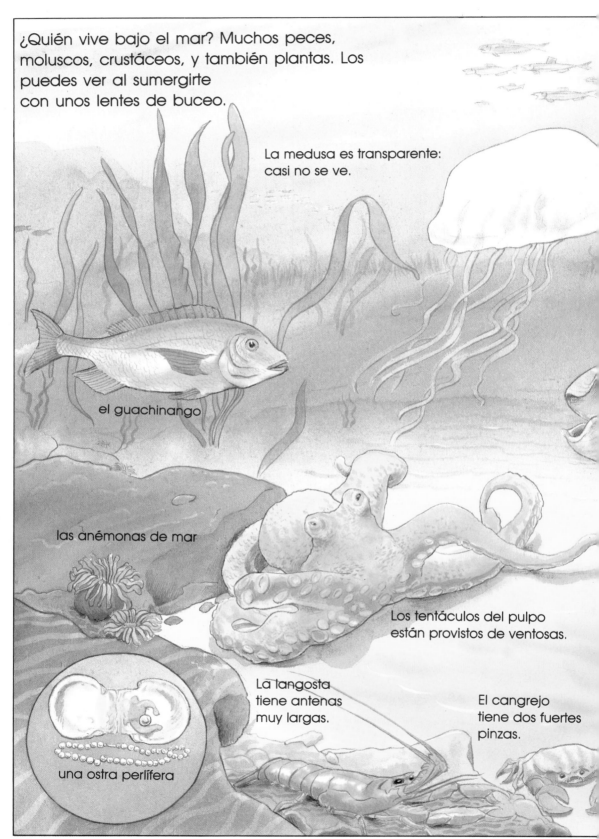

La medusa es transparente: casi no se ve.

el guachinango

las anémonas de mar

Los tentáculos del pulpo están provistos de ventosas.

La langosta tiene antenas muy largas.

El cangrejo tiene dos fuertes pinzas.

una ostra perlífera

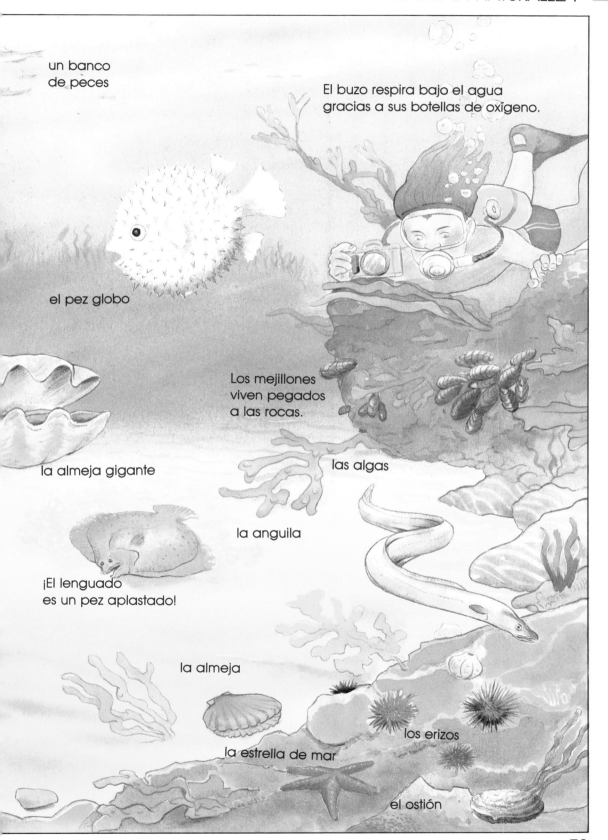

un banco
de peces

El buzo respira bajo el agua
gracias a sus botellas de oxígeno.

el pez globo

Los mejillones
viven pegados
a las rocas.

la almeja gigante

las algas

la anguila

¡El lenguado
es un pez aplastado!

la almeja

los erizos

la estrella de mar

el ostión

79

La ballena

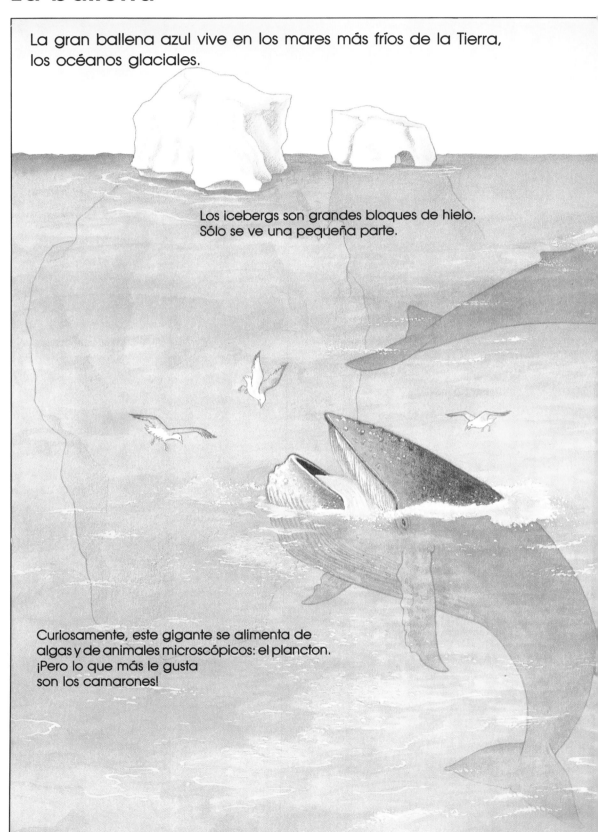

La gran ballena azul vive en los mares más fríos de la Tierra, los océanos glaciales.

Los icebergs son grandes bloques de hielo. Sólo se ve una pequeña parte.

Curiosamente, este gigante se alimenta de algas y de animales microscópicos: el plancton. ¡Pero lo que más le gusta son los camarones!

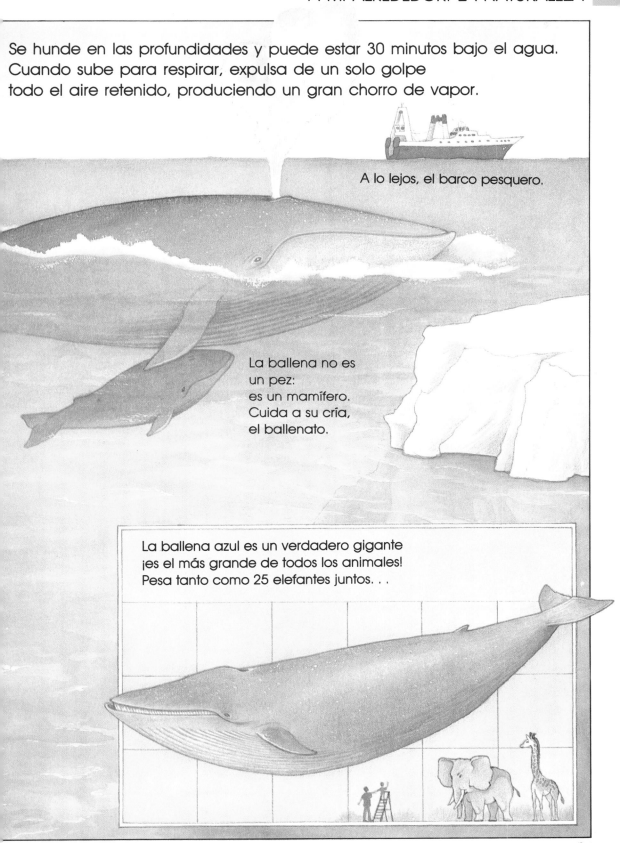

Se hunde en las profundidades y puede estar 30 minutos bajo el agua.
Cuando sube para respirar, expulsa de un solo golpe
todo el aire retenido, produciendo un gran chorro de vapor.

A lo lejos, el barco pesquero.

La ballena no es
un pez:
es un mamífero.
Cuida a su cría,
el ballenato.

La ballena azul es un verdadero gigante
¡es el más grande de todos los animales!
Pesa tanto como 25 elefantes juntos. . .

El barco de pesca

Este es un barco de pesca que
acaba de regresar al puerto.
Todavía es muy temprano,
apenas está amaneciendo.

Las gaviotas siguen a los barcos.
Atraídas por los peces capturados,
algunas se acercan
volando.

Los pescadores recogen
la red llena de peces.

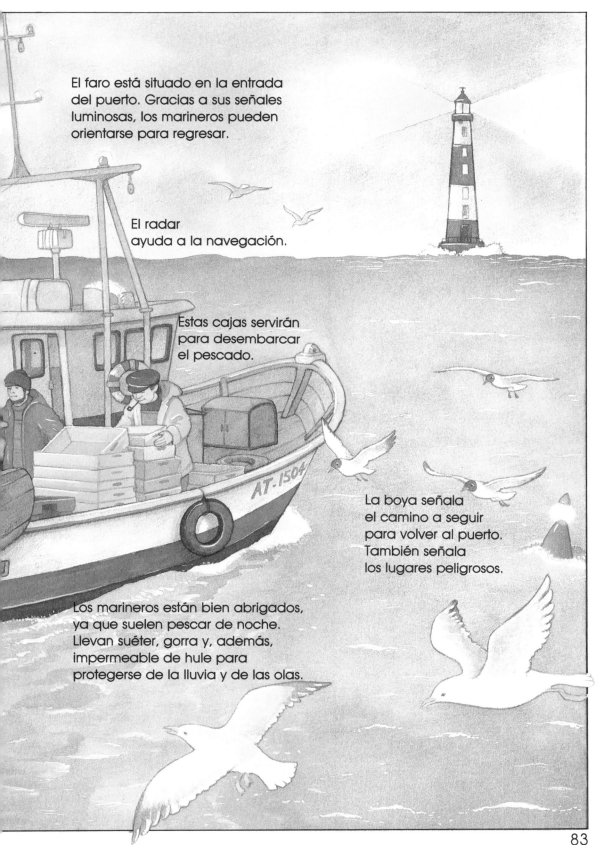

El faro está situado en la entrada del puerto. Gracias a sus señales luminosas, los marineros pueden orientarse para regresar.

El radar ayuda a la navegación.

Estas cajas servirán para desembarcar el pescado.

La boya señala el camino a seguir para volver al puerto. También señala los lugares peligrosos.

Los marineros están bien abrigados, ya que suelen pescar de noche. Llevan suéter, gorra y, además, impermeable de hule para protegerse de la lluvia y de las olas.

AT-1504

83

El puerto pesquero

Esta mañana hay muchos barcos
en el puerto pesquero.
Los marineros desembarcan su pescado
y lo cargan en un camión
para llevarlo al mercado.

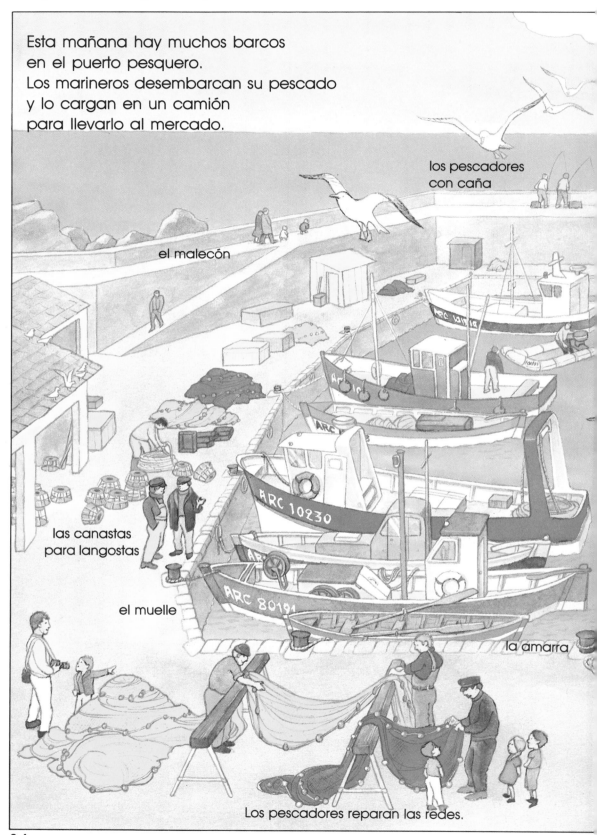

los pescadores
con caña

el malecón

las canastas
para langostas

el muelle

la amarra

ARC 10230

ARC 80191

Los pescadores reparan las redes.

84

el faro

La pescadera vende el pescado.

la barca

el bote inflable

Los pescadores limpian
el barco con fuertes
chorros de agua.

ARC 110 74

el
camión

las cajas para el pescado

La Tierra

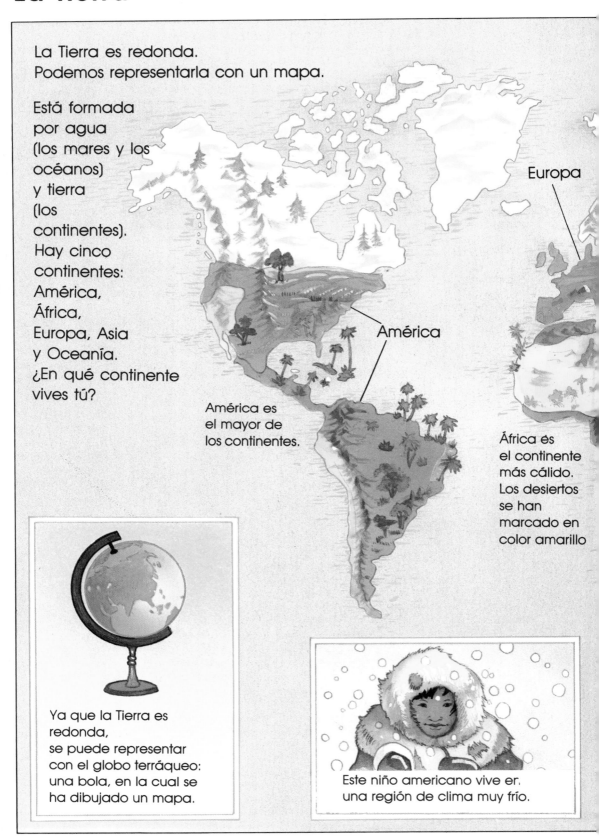

La Tierra es redonda.
Podemos representarla con un mapa.

Está formada
por agua
(los mares y los
océanos)
y tierra
(los
continentes).
Hay cinco
continentes:
América,
África,
Europa, Asia
y Oceanía.
¿En qué continente
vives tú?

Europa

América

América es
el mayor de
los continentes.

África es
el continente
más cálido.
Los desiertos
se han
marcado en
color amarillo

Ya que la Tierra es
redonda,
se puede representar
con el globo terráqueo:
una bola, en la cual se
ha dibujado un mapa.

Este niño americano vive er.
una región de clima muy frío.

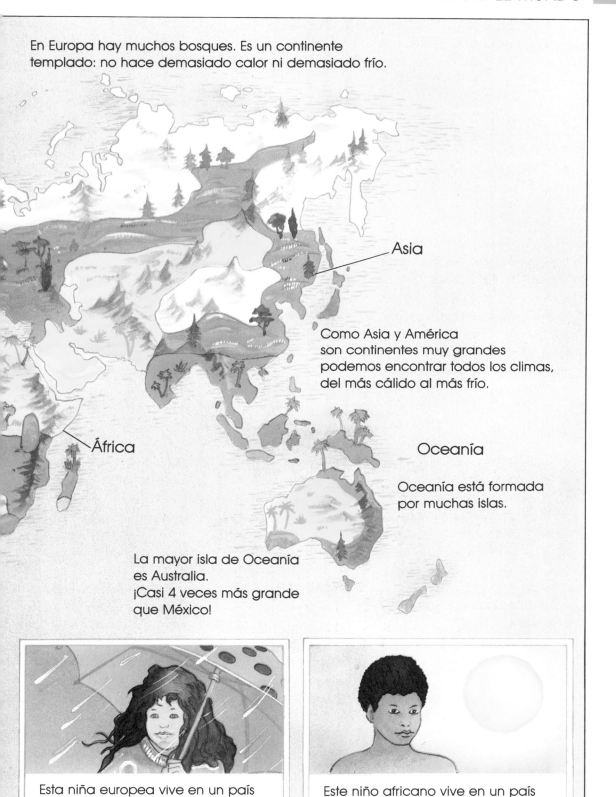

En Europa hay muchos bosques. Es un continente templado: no hace demasiado calor ni demasiado frío.

Asia

Como Asia y América son continentes muy grandes podemos encontrar todos los climas, del más cálido al más frío.

África

Oceanía

Oceanía está formada por muchas islas.

La mayor isla de Oceanía es Australia. ¡Casi 4 veces más grande que México!

Esta niña europea vive en un país templado. En él llueve a menudo.

Este niño africano vive en un país tropical. Allí siempre hace calor.

Los niños y niñas del mundo

Laye y Awa viven en Senegal.

Regis vive en una isla tropical.

Katsuko vive en China, un país de Asia.

Indira y Gopal viven en la India, otro país de Asia.

Antonio y Ana viven en Europa.

Yasmina vive en un desierto de África.

Todos los niños y niñas del mundo se entienden muy bien, ¡aunque no hablen la misma lengua!

Estos niños son muy diferentes. Sus cabellos, la forma de sus ojos o el color de su piel no se parecen. Se debe a que son de distintos países, muy alejados unos de otros.

John y Mary viven en los Estados Unidos de América.

Las postales de Europa

Europa es uno de los cinco continentes.
Está formada por varios países.
Cada país tiene su bandera.

Aquí se hacen suéteres apreciados por todo el mundo
Roy

Irlanda

¡Mi país es una gran isla! Steve

Inglaterra

¡Si vienes a París, subirás a la torre Eiffel!
Marie

Francia

Mi ciudad se llama Venecia. Está construida sobre el agua.
Francesca

Italia

¡Ven a ver los grandes palacios a orillas del mar!
Isabel

Portugal

En Bruselas hay antiguos edificios muy célebres.
Els

Bélgica

¡Ven a visitar nuestros castillos! ¡te quedarás asombrado!

Kurt

Alemania

¡Aquí todos los días hace sol!

Paco

España

Yo vivo en una de las numerosas islas de Grecia.

Eleni

Grecia

¡En Dinamarca casi todos los niños son rubios!

Ursula

Dinamarca

Luxemburgo es un país muy pequeño, pero muy bonito.

Patrick

Luxemburgo

¡Todo mi país es llano! Tiene muchos molinos.

Mieke

Holanda

Hablamos el español

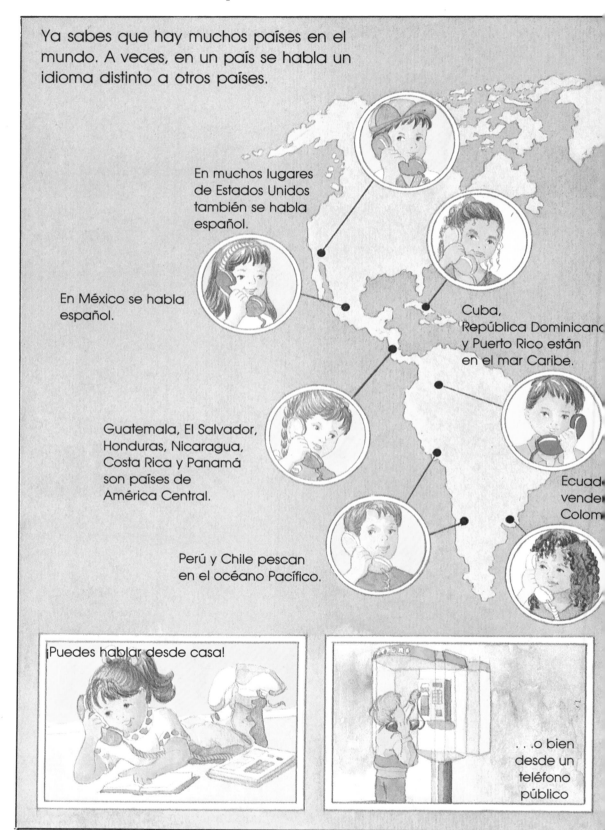

Ya sabes que hay muchos países en el mundo. A veces, en un país se habla un idioma distinto a otros países.

En muchos lugares de Estados Unidos también se habla español.

En México se habla español.

Cuba, República Dominicana y Puerto Rico están en el mar Caribe.

Guatemala, El Salvador, Honduras, Nicaragua, Costa Rica y Panamá son países de América Central.

Ecuad vende Colom

Perú y Chile pescan en el océano Pacífico.

¡Puedes hablar desde casa!

. . .o bien desde un teléfono público

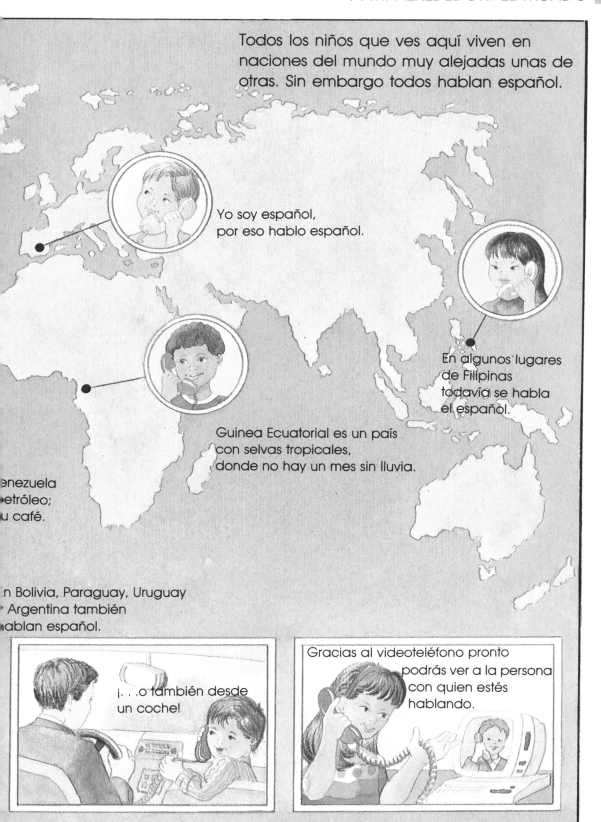

Todos los niños que ves aquí viven en naciones del mundo muy alejadas unas de otras. Sin embargo todos hablan español.

Yo soy español, por eso hablo español.

En algunos lugares de Filipinas todavía se habla el español.

Guinea Ecuatorial es un país con selvas tropicales, donde no hay un mes sin lluvia.

enezuela
etróleo;
u café.

n Bolivia, Paraguay, Uruguay
Argentina también
ablan español.

¡. . .o también desde un coche!

Gracias al videoteléfono pronto podrás ver a la persona con quien estés hablando.

La vida en el Polo Norte

Los esquimales viven en el Polo Norte, uno de los lugares más fríos del mundo. LLevan gruesas chamarras, llamadas anoraks, botas, gorros, guantes. . .

los cazadores

una morsa

Estos perros están amaestrados para tirar de los trineos.

El iglú es una casa redonda construida con grandes bloques de hielo.

el trineo

un coche para la nieve

Este hombre construye un kayak, que es una canoa para ir a pescar. Está hecha con piel de foca.

La vida en una isla tropical

En una isla tropical hace calor
durante todo el año.
Por eso hay flores
y frutas que no crecen
en otras partes del mundo.

el volcán

El agua está templada.
Permite bañarse todo el año.

la red

Los peces de colores tienen
curiosos nombres: pez del paraíso,
pez mariposa
o pez sol.

el cocotero

El techo se cubre
con hojas de plátano o de palma.

camioneta para
transitar por el campo.

los plátanos

Los niños pescan.

la canoa

El coral y las algas
cubren el fondo del mar.

La vida en el desierto

Los tuareg viven en el desierto del Sahara.
El clima del desierto es difícil de soportar:
durante el día hace mucho calor y por la noche hiela.

la tienda

la estera

Como los tuareg
suelen llevar
largas túnicas azules,
se les llama
los "hombres azules".

los cebús

las cabras

la silla de montar

El dromedario
puede estar
varios días
sin beber.

En el desierto
hay que hacer pozos muy
profundos para encontrar agua.

el pozo

Para montar en el dromedario
hay que obligarlo a ponerse de rodillas.

Pequeños y grandes animales del mundo

Algunos animales son muy chiquitos.
Los que ves aquí, baten el récord.

El musgaño etrusco
se parece a un ratón.

El colibrí es el
ave más
pequeña
del mundo.

También es
el único
capaz de
volar hacia
atrás.

El tití pigmeo
es un simpático
mono de larga
cola. ¡Hecho
una bola,
puede dormir
en tu mano!

La catarinita es
un minúsculo insecto
rojo con lunares negros.

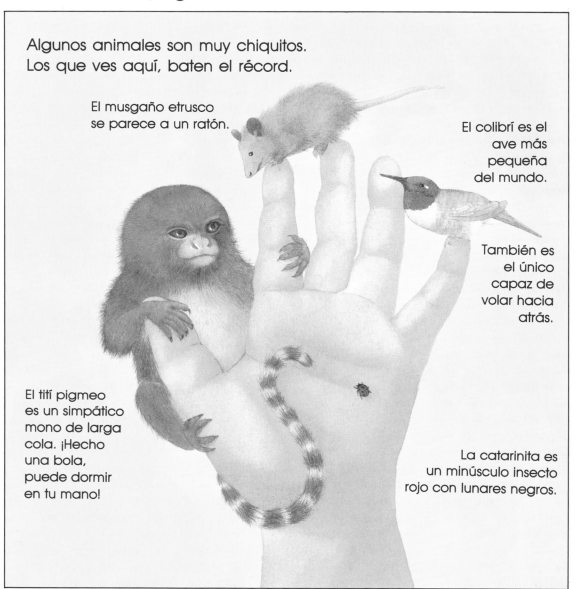

El cocodrilo también puede ser enorme. Este peligroso
animal pertenece a la misma familia que
las serpientes y las tortugas.

Vive en los ríos.
Su musculosa cola le permite
nadar muy de prisa.
También corre con mucha rapidez,
a pesar de sus cortas patas.

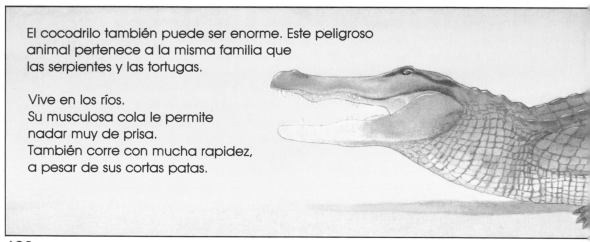

Algunos animales
son enormes.

El avestruz es el ave más
grande del mundo; el
elefante africano es el
animal de mayor tamaño
que camina sobre la tierra.
¡Pesa 6 000 kilos!

La anaconda es una serpiente
que llega a medir hasta
10 metros de largo.

la jirafa

La jirafa es más alta que el elefante. Puede
alcanzar las plantas situadas en el balcón
del segundo piso de un edificio.

el avestruz

el elefante

Bonitos y. . . feos animales del mundo

Algunos animales son bonitos y otros no.
Mira atentamente los que hay aquí.
¿Cuáles te gustan más?

el antílope

el elefante marino

la serpiente de cascabel

el león

el oso panda

el mandril

Este pez
vive en las
grandes profundidades.

el marabú

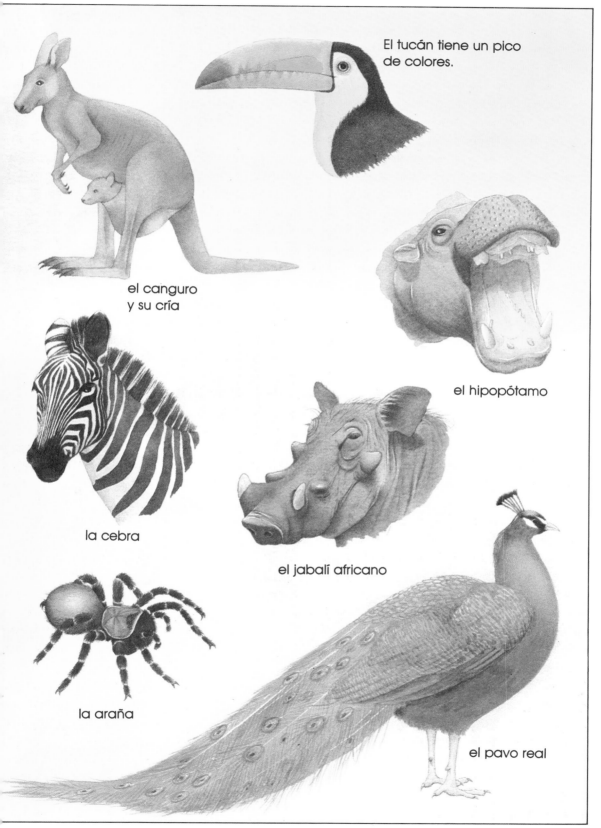

El tucán tiene un pico de colores.

el canguro y su cría

el hipopótamo

la cebra

el jabalí africano

la araña

el pavo real

103

Los animales viajeros

Cada año, al llegar el invierno, las cigüeñas y las golondrinas vuelan hacia países cálidos. . .

Las cebras y los ñus cruzan regiones enteras para encontrar alimento.

Algunas tortugas recorren grandes distancias para poner sus huevos en las tranquilas playas tropicales.

. . . como los flamencos rosas que vuelan, uno detrás de otro, desde Europa hasta África.

Las tortugas llegan a la playa.

¡Ya nace el bebé!

La tortuga entierra sus huevos en la arena.

Yo viajo en tren

Mucha gente viaja en tren,
ya que es un medio de transporte
cómodo y rápido.

la locomotora
y los vagones

1 18.23

18.35 MEXICO
MORELIA

el carrito del equipaje

Durante el viaje se puede leer
y organizar juegos.

El coche restaurante es un vagón
especial donde sirven comidas.

el tablero de anuncios

18.23

SALIDAS

11:00	SAN LUIS POTOSI
18:00	GUADALAJARA
19:00	VERACRUZ
20:00	MONTERREY

el andén

¡Subir en tren es muy fácil!
Compras tu boleto,
después consultas el tablero
donde se anuncian las salidas
para saber el andén y la hora
de salida.
Una vez instalado,
¡buen viaje!

la maleta

De noche, se duerme en camas
superpuestas que se llaman literas.

¡Fíjate! Se puede viajar en tren
y también llevar el coche.

Yo viajo en barco

El ferry no es un barco como los otros. No sólo transporta pasajeros, sino también coches y hasta camiones. Al llegar al puerto, se puede entrar en el ferry con el coche. Después, nos acomodamos en una de las pequeñas recámaras del barco, llamadas camarotes.

También podemos quedarnos en uno de los puentes para admirar el paisaje.

el montacargas

Camioneta equipada
para acampar.

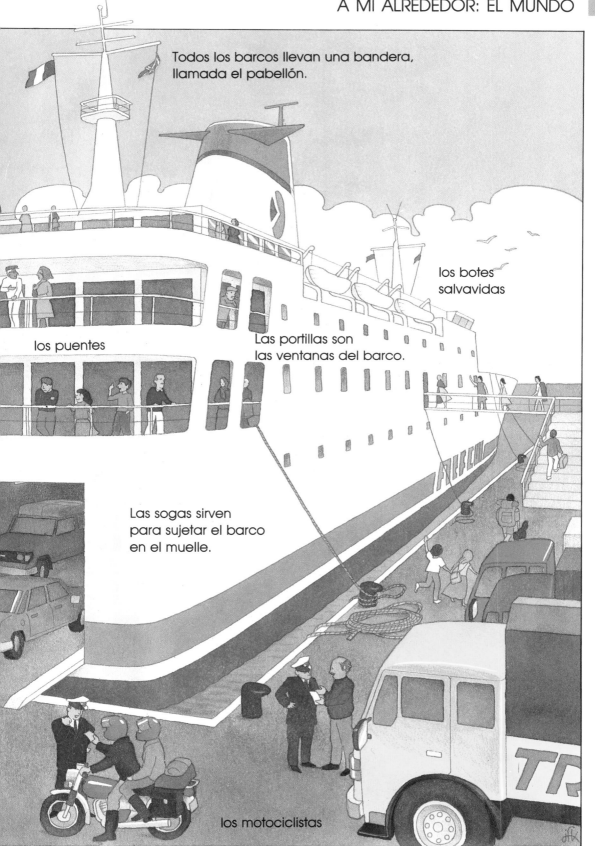

Todos los barcos llevan una bandera, llamada el pabellón.

los botes salvavidas

los puentes

Las portillas son las ventanas del barco.

Las sogas sirven para sujetar el barco en el muelle.

los motociclistas

Yo viajo en avión

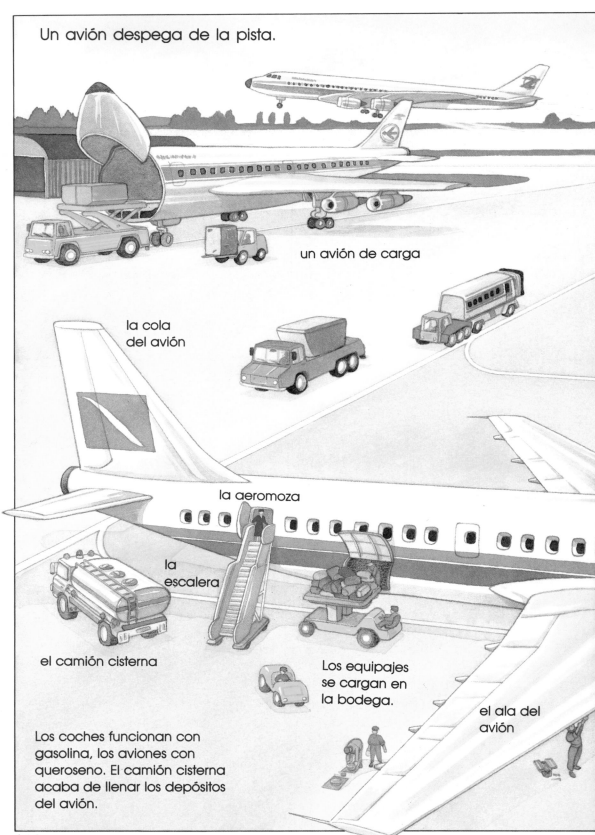

Un avión despega de la pista.

un avión de carga

la cola
del avión

la aeromoza

la
escalera

el camión cisterna

Los equipajes
se cargan en
la bodega.

el ala del
avión

Los coches funcionan con
gasolina, los aviones con
queroseno. El camión cisterna
acaba de llenar los depósitos
del avión.

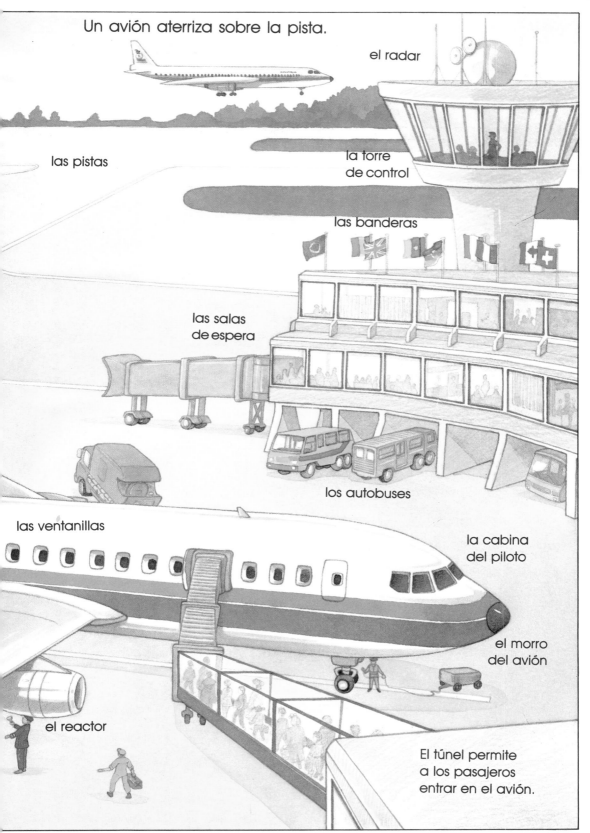

Un avión aterriza sobre la pista.

el radar

las pistas

la torre
de control

las banderas

las salas
de espera

los autobuses

las ventanillas

la cabina
del piloto

el morro
del avión

el reactor

El túnel permite
a los pasajeros
entrar en el avión.

En el espacio

Existen otros
planetas además de
la Tierra y, desde
hace tiempo, los hombres
buscan la forma
de llegar a ellos
explorando el espacio.

Aquí puedes ver
un cohete en su rampa
de lanzamiento.
Pronto va a despegar,
elevándose
en el cielo.

la rampa
de lanzamiento

el cohete

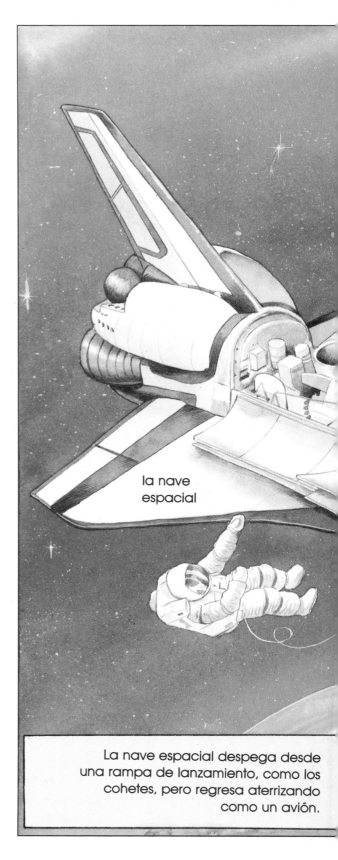

la nave
espacial

La nave espacial despega desde
una rampa de lanzamiento, como los
cohetes, pero regresa aterrizando
como un avión.

¡En la cabina. . .

. . . todo flota!

el astronauta

la Tierra

Después de despegar, la nave se pone en órbita sobre la Tierra: gira alrededor del planeta para estudiarlo. En el espacio, todo es diferente: te sientes ligero, los cuerpos y objetos flotan. Cuando el aparato queda inmóvil, los astronautas pueden salir de la nave.

Los planetas

Al final del día, cae la noche, el cielo se oscurece, entonces podemos ver brillar las estrellas y la luna.

La Luna es un satélite que gira alrededor de la Tierra. Según su posición en el cielo, está más o menos iluminada por el Sol. Por eso la vemos completa o sólo una parte. Las partes de la Luna se llaman cuartos.

La Tierra no es el único planeta que gira alrededor del Sol: hay ocho más.

Mercurio

La Tierra se ve azul debido a sus océanos.

Venus

Marte, el planeta rojo.

Júpiter es el más grande

El Sol es un astro muy antiguo. Esta enorme bola
nos da luz y calor, pues está formada
por materia que arde permanentemente.

La Tierra gira alrededor del Sol, pero decimos que el Sol
sale al amanecer y se pone al atardecer. . .

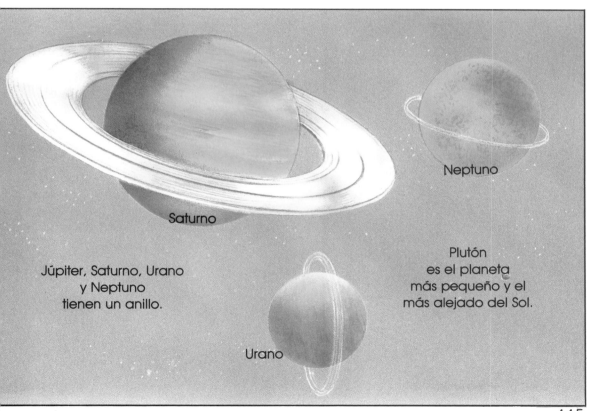

Neptuno

Saturno

Júpiter, Saturno, Urano
y Neptuno
tienen un anillo.

Plutón
es el planeta
más pequeño y el
más alejado del Sol.

Urano